La pêche est l'une de mes passions que je conseille a tous ,

bonne lecture

« le trappeur picard »

Dans ce livre je vais vous montrer ce que j'aime pêcher , je me nourrie beaucoup de poissons, met il faut faire de la pêche sérieuse et pas tuer les poissons pour rien,
Nous allons commencer par :

le goujon

Ce joli petit poisson de rivière, reconnaissable à ses barbillons, apprécie grandement les eaux vives et rapides en règle générale. Très prisé des gourmets, amateurs de fritures, il dispose d'une chair très délicate en palai, se révélant juste farinée et passée dans l'huile bien chaude. Le goujon, toujours bien présent dans les rivières et les cours d'eaux de France, est issue d'une espèce grégaire, qui préfère se poster dans les sorties de courant, où tapis sur les fonds de graviers en compagnie de ses nombreux congénères, il attend les petites proies qui pourront passer à sa portée. Annonçant par sa présence la bonne qualité de l'eau, c'est un poissonnet fragile, ne s'adaptant qu'aux eaux claires et bien oxigénées des torrents. Les lacs ou autres lieux saumâtres des étangs ne sont pas fait pour lui.

Le goujon est un petit carnassier, et pour le capturer, il faudra par conséquent se conformer à son régime alimentaire, qui se compose de vers de vases, larves de moustiques, et divers autres appâts naturels strictement carnés.

De nature assez méfiante, il faudra pour tromper sa vigilance, le leurrer avec beaucoup de finesse.

Pour correctement le pêcher à la ligne, vous allez devoir disposer sur votre canne, du fil extrêmement ténue, un 0,08 centièmes fera parfaitement l'affaire. Ensuite, une petite plume, accompagnée de deux ou trois grenailles pour bien la stabiliser, et un mini hameçon de taille 20 à 24, parachèveront votre montage à goujon. Il vous faudra en revanche, bien sonder la profondeur, car c'est une espèce qui aime particulièrement rester scotcher au fond de l'eau en permanence. Il faudra être attentif pour le piquer, et ferrer à chaque arrêts suspects de votre plume, sa bouche étant minuscule et sa touche particulièrement timide, voir imperceptible.

LE GARDON

le gardon est l'espèce emblématique, c'est effet les prises qui seront les plus importante, quantitativement, lorsqu'il s'agira de remplir les longues bourriches des concours, ou des journées de loisirs des grands, et des petits. Il répond assez bien présent aux amorçages, il sera donc facile de le faire venir sur vos coups, et de l'y maintenir. Sans atteindre des poids considérables, il pourra fréquemment parvenir jusqu'aux cinq cent, voir huit cent grammes.

Malgré tous les montages de plus en plus pointues, consacrés à prendre tous ces petits poissons de rivière,

il ne sera pas nécessaire de tomber dans ces extrêmes avec les gardons, qui reste toujours facile a attraper, avec les bonnes veilles méthodes d'antan. Un corps de ligne passe-partout, en diamètre de douze, suffira amplement à tromper sa vigilance, et répondra parfaitement aux assauts des plus gros d'entre-eux. Choisissez ensuite une plume en balsa, correctement équilibrée à l'aide de quelques plombs grenailles, qui lui permettront de tenir son rôle d'indicateur de touches, à la perfection, puis un hameçon numéro seize pour terminer, et vous serez suffisamment équipé pour les mettre au sec.

En ce qui concerne les esches, il ne se montre pas délicat, puisse que vous pourrez réaliser de bons coups, en vous confectionnant un mini boule de pâte pour la pêche, en utilisant du pain, des asticots, ainsi que tous les autres appâts naturels, comme les larves, ou encore les gammares, ces petites crevettes d'eau douce bien remuantes, que l'on peut trouver en abondance, dans tous les cours d'eau. Le gardon est lui-même une espèce que l'on pourra utiliser comme appât vivant, pour les poissons carnassiers.

Le chevesne

Nerveux et craintif, le chevesne est un poisson d'eau douce qui n'est pas très exigeant sur la qualité de l'eau, et pourra s'accoutumer aussi bien aux rivières, qu'aux étangs faiblement oxygénés. S'il n'est pas réputé pour sa valeur culinaire (pauvreté de goût, et trop grand nombre d'arêtes), il est toutefois encore consommé, mais seulement dans quelques régions du centre. On peut le prendre absolument avec n'importe quel appât, car c'est le poisson le plus opportuniste qui puisse exister chez nous. Ainsi on pourra faire de jolies prises au pain, aux asticots en deuxième catégorie, des fruits, comme la mûre de ronces, et le raisins en été, mais aussi avec des leurres, ou des vifs, pour les plus gros chevesnes. Il est d'ailleurs lui même, grâce à son endurance à toutes épreuves, et à sa vivacité, le meilleurs des appâts qui soit, pour la pêche des poissons carnassiers

La truite

Un poisson de rivière mythique, et record en termes d'adeptes, car c'est celle qui est la plus recherchée, et la plus piquée dans les eaux territoriales Française, ses nombreux fans se comptent par centaines de milliers. Vive, nerveuse et combative, elle est robuste par rapport à sa taille, et vous donnera du fil à retordre par sa ténacité, en effectuant des bonds records au-dessus de l'eau, secouant violemment corps et tête dans tous les sens. C'est en capturant les plus grosses truites qui dépasseront le kilo, que vous vous rendrez compte de ce que je veux dire. A l'instar de maître brochet, ses sauts prodigieux pour essayer de se défaire de l'hameçon, vous feront attraper sueurs et palpitations. Dotées de robes magnifiques, les deux races peuplant nos rivières, sont sans détours à classer, parmi les plus belles espèces de poisson d'eau douce qui soient. Affectionnant tout particulièrement les eaux vives, et tumultueuses, elle se postera plus volontiers dans les forts courants, ou juste à leurs sortis, là où l'eau sera le plus fortement oxygénée.

La truite de rivière

la truite fario est l'espèce indigène de nos rivières, dont elle était à l'origine, l'exclusive représentante, bien avant l'introduction de sa cousine américaine, l'arc-en-ciel. Très facilement identifiable grâce à sa belle tenue irisée, et tachetée de noir, de rouge et jaune, c'est un magnifique salmonidé qui est très prisée par les pêcheurs de toutes les nationalités. C'est un poisson exclusivement carnassier, mais qui parfois opportuniste en cas de disette, ne refusera pas un hameçon garni de pâte, mais cela restera toutefois en de rares occasions, qui ne concerneront uniquement, celles issues de la pisciculture destinées aux lâchers.

Les meilleurs appâts pour la fario

Amatrice de bonne chair, la véritable fario sauvage, ne se laissera pas tenter par le pain, ou le maïs. Il faudra plutôt pour la décider à mordre, se procurer des appâts vivants et bien remuant, car c'est une chasseuse dans l'âme. Donc privilégier, les larves de rivière, les vers de terre, les tous petits poissons, gammares et autres insectes adultes, comme la sauterelle en été, qui reste de très très loin, le meilleur des appâts à truite. Vous trouverez dans le dossier consacré à la pêche à la sauterelle, toutes les informations détaillées sur le montage de cette technique ultra efficace, puisque grâce à elle, aucunes tachetées si grosses soient elles, ne pourra y résister, une sauterelle bien présentée est un véritable plat de roi, et un festin, pour absolument toutes les espèces de salmonidés, y compris l'omble et le saumon de fontaine. Il y a peu de connaisseurs, et c'est assez regrettable, qui s'intéressent ou pratiquent encore de nos jours, la pêche aux appâts naturels, qui s'avère vraiment attractive, associant la découverte des biotopes, au plaisir des belles captures. Une autre technique très prenante, se pratique avec de petits vifs comme le vairon, qui lui est toujours associé, et qu'elle semble fort apprécier.

L'espèce truite arc-en-ciel

Presque tout autant appréciée que sa parente, elle nous vient tout droit du continent nord américain, d'où elle est la souche principale. Caractérisée elle aussi par une jolie robe aux couleurs roses et bleus pastels, elle est rentrée en concurrence directe avec notre souche sauvage depuis son introduction en rivière, mais sans pour cela lui nuire outre mesure. Moins carnassière cependant que la fario, l'arc-en-ciel appelée aussi truite américaine, a un régime alimentaire un peu plus souple, ayant un peu tendance à avaler tout ce qui passe à la portée de sa bouche lorsqu'elle a faim.

La perche commune

Fantasques et fascinantes, au corps marbrés de noire, et nageoires irisées aux couleurs rouge-orangés, ces jolis petits poissons carnassiers de rivière, sont parmi les plus nombreux à courir dans nos eaux. A l'instar d'un de ses proches parents le sandre, avec lequel elle complète l'immense famille des perciformes, la perche commune est intrinsèquement d'une nature grégaire, puisse qu'elle va aimer se rassembler en gros bancs, qui ne se restreindront que peu à peu, avec la raréfaction de leurs individus, au fur et à mesure des morts, qu'elles soient naturelles, des causes de la prédation, ou encore du fait des pêcheurs eux-mêmes. Une espèce toujours agréable à prendre, mais qui malheureusement ne pourra jamais atteindre les poids records des poissons trophées, comme c'est souvent le cas chez le silure ou le brochet.

Si parfois une prise frôlant les quatre kilos vient à se produire, on remarquera cependant que la plupart des perches capturées, ne resteront comprises qu'entre un et un kilo cinq cent grammes. Surnommé la perdrix des rivières dans certaines contrées de France, sa chair goutteuse, est fort appréciée. Ce sera réellement un délice, qui fera sensation chez tous les gourmets, soigneusement préparé en filets, ou en darnes, on pourra la déguster de plusieurs façons. Elle affectionne les eaux qui sont plutôt calmes et dormantes, comme les lacs et les étangs, mais elle ne dédaignera pas cependant, se faufiler aux travers de petits affluents, ou rus, pour rejoindre les grandes rivières, où l'on pourra alors la retrouver dans les sorties de courant, lorsqu'elle cherchera à s'alimenter.

Alors que les plus gros sujets, semblent plutôt fixer leur régime alimentaire sur les blancs, et alevins, leurs comparses de petites, ou moyennes tailles, ne rechigneront pas sur des vers de terre bien présentés, ou sur de petits bouquets d'asticots.

L'appât naturel qui restera toujours le plus performants pour prendre de grosses perches, sera les beaux petits vifs bien remuant, que ce soit à mi-eau au bouchon flotteur, ou calé à fond. Je vous conseille à ce sujet de consulter la page intitulée pêche au vif, où les procédures pour monter vos lignes sont décrites. La façon de chasser de cette espèce est très singulière, et facilement identifiable, car dans ces moments où elles sont prisent de frénésies, elles se rassembleront en meutes, et iront jusqu'à rabattre leurs proies contre les berges, où celles-ci complètement soumissent à la panique, iront quelques fois, jusqu'à s'y s'échouer. De plus, elles émettent un claquement très caractéristique, et bruyant avec leur bouche, juste à la lisière de l'eau, qui laisse échapper un bruit significatif, qu'elle est la seule à produire, nul autres poissons de rivière, ou de mer, ne procède de la sorte. Toutes les astuces, et les techniques de montage pour le sandre, seront valables pour sa capture, sans aucunes distinctions, hors mis peut être celle au poisson mort. Il faudra simplement descendre en grosseur, sans toutefois aller en dessous barre stratégique, des ving-quatre centièmes, vos lignes et bas de ligne, et en suivant graduellement, en faire autant, pour les plombées et hameçons. Vos montages pour la perche, pourront aussi bien être destinés à la pêche du fond, qu'à celle de mi profondeur, car lorsqu'elle sera en chasse, elle explorera l'ensemble de la couche d'eau. Curieuse et vive, elle n'hésitera pas à suivre vos appâts, presque jusqu'à vos pieds, pour s'en saisir au tout dernier moment. En voyant la gueule de la perche commune la première fois, dénuée de dentition et munit de pavés râpeux, ont n'imagine pas qu'elle fasse partie des poissons carnassiers, jusqu'à ce que son corp fuselé n'apparaisse, et nous démontre le contraire. Si vous avez le moyen d'observer cette chasseuse, lorsqu'elle aperçoit sa proie, vous verrez qu'à l'instar du brochet , elle ira se fixer sur elle pendant plusieurs secondes, avant de fondre dessus en un éclair pour s'en saisir.

C'est une espèce dotée d'une nature virevoltante, qui répond très bien aux différents leurres ou cuillers que vous pourrez lui présenter, et sur lesquels elle se jettera bien souvent, par pur instinct d'agressivité. De ce fait il ne sera pas utile de vous promener avec une panoplie complète de ces derniers, afin de sortir de beaux sujets. Les couleurs tirant du rouge à l'orange semblent assez bien marcher. Ci-contre, une perche qui est déjà d'une taille correcte, prise par un jeune lorrain, qui s'est spécialisé dans la capture des carnassiers aux leurres.

mon amour : L'ablette

On la rencontrera aussi bien dans les grands courants des fleuves, que dans les recoins tranquilles des étangs. Pour la tenter rien de plus facile, car elle n'est pas fine bouche, un joli asticot, ou encore un soupçon de pâte suffira, mais pour la piquer en revanche, il faudra s'armer de patience et des lignes les plus ténues possibles. L'ablette pite avec beaucoup de timidité, il sera alors indispensable d'employer des nylons compris entre 0.6 et 0.10 grands maximum. L'hameçon de 22 à 18, devra être de fer très fin lui aussi, et bien piquant, afin d'accrocher cette bouche délicate. Hormis le plaisir d'une friture gustative, on ne pourra s'en servir comme appât que morte, sinon, il faudra pour l'utiliser vivante dans la recherche du carnassier, la monter sur des montages très légers, sa grande fragilité mettant un frein conséquent à cette pratique.

La pêche au sandre

Le sandre est un poisson, que l'on trouve aussi bien en rivière, qu'en lac. Il est très convoité par les pêcheurs, certains lui vouant une véritable passion, au points qu'ils centreront leur loisir sur cette seule espèce. Contrairement à son cousin le brochet, il est assez grégaire, et aime bien la proximité de ses congénères. Il vit en groupe de nombreux individus, durant les premières années de sa vie. Le nombre des sandres qui constitueront un groupe ou banc, aura tendance à régresser avec la maturité et les années passants.

C'est à dire, que plus ils vont grossir, et plus ils vont avoir tendance, à minimiser les individus constituant leur groupe. Cette pratique le conduira jusqu'à la solitude, pour les plus gros spécimens. Il est lui aussi un poisson carnassier, que sa nature poussera à chasser couramment en meute, constituées de sujets aux tailles à peu près similaires. Agressifs, ils traquent, débusquent, mordent, avalent d'un trait, ou blessent leurs proies, au cours de parties de chasses, qui sont dites, frénétiques, et dont un maximum de petits blancs, ou menu fretin, feront les frais. Après cette frénésie alimentaire, faite de longues poursuites harassantes, certains d'entre-eux, généralement les plus gros, moins enclin à se fatiguer avec l'age, auront tendances à rechercher sur le fond, ces proies faciles, fraîchement blessées ou tuées, pour s'en repaître sans trop dépenser d'énergie. C'est pour cela qu'il n'est pas rare, de voir certains pêcheurs, calés leurs lignes au poisson mort, pour prendre les plus gros sandres. Ce comportement intrinsèque, poussant à se tenir près du fond les plus gros sujets, qui deviennent de véritables opportunistes avec l'âge, afin de bénéficier des retombées des plus jeunes, n'a été noté que chez le sandre.

Un montage des plus simples a permit de réaliser ces deux jolies prises. Ainsi sur un corps de ligne en 28 centièmes, on a enfilé une olive de quinze grammes suivit d'un petit émerillons à barillet. Le bas de ligne quant à lui, toujours en 28 centièmes, et se terminant par un hameçon simple numéro 4. Les appâts, de petits blaguons (vifs) de 8 à 10 centimètres qui devaient séduire les 2 beaux comparses ci-contre. L'endroit de la rivière où ils se tenaient à l'affût de quelques poissons, présenté une grosse cassure dans son cours, formant un trou d'eau calme et beaucoup plus profond. ils étaient là à l'abri du courant et pouvaient voir tout ce qui arrivait à portée. Ce poste à sandre donna par la suite d'autres très belles captures, puisse qu'en Novembre mille neuf quatre vingt quatorze, deux pêcheurs locaux, sortirent un pièce de plus de 8 kilos de ces eaux, déjà pas mal pour une petite rivière

Généralement, il aime bien se tenir dans les recoins assez encombrés, afin de pouvoir s'y dissimuler. Les troncs d'arbres, et autres branchages immergés, feront son bonheur. Les anses des lacs, et des rivières, seront eux aussi de très bons postes à sandre, à prospecter. Lorsqu'il chasse on pourra le retrouver n'importe où, à proximité de ces proies. Lorsque l'on arrive sur un poste à sandre, ou à poissons carnassiers en général, on doit le faire, le plus discrètement possible, car il faut toujours commencez par prospecter, les bords directs de vos lancers, car il aime souvent se tenir en embuscade près de ceux-ci, pour se jeter sur le premier vif qui passera. J'ai pu assister parfois, au manège de gros individus, qui longeaient les berges des rivières, ou les rives des lacs, pour rechercher de la nourriture. Les pêcheurs rompus à sa capture, vous diront de le traquer, partout où l'aspect des bords sortira de l'ordinaire. Les hauts fonds sont eux-aussi des postes, où vous ne devrez pas hésiter à faire passer, et nager vos leurres.

Pêcher le brochet au vif

Voici certainement la méthode la plus ancienne qui permette la capture d'un poisson à l'humeur aussi fantasque que le brochet, C'est la technique la plus pratiquée de nos jours, car simple à mettre en oeuvre, efficace pour tromper la vigilance des gros sujets, amusante et spectaculaire car elle permet de suivre avec précision toutes les étapes du déroulement de la touche, souvent très longue chez le brochet. La pêche au vif n'est pas simple, encore moins rustique : il s'agit d'un art tout de finesse, qui exige une grande connaissance des habitudes du poisson, de ses postes, de ses rythmes alimentaires.

Taille des vifs

Si le brochet concentre en certaines circonstances sa prédation sur des alevins de 4 à 5 cm de long, il semble toujours préférable, pour tenter de gros sujets, d'utiliser des grands vifs dont la taille atteint ou dépasse les 20 cm. Cela exclut également la capture de brochetons qui se remettent souvent mal de leur mésaventure. Dans les pays anglo-saxons, il était ainsi commun de pêcher le brochet...

Au vif à la ligne flottante

C'est la technique la plus employée. Elle répond en effet aux conditions les plus générales et permet au vif d'évoluer librement pour explorer la plus grande surface possible à des profondeurs faciles à faire varier grâce au réglage du flotteur. L'action du vif étant transmise au flotteur, on contrôle également mieux le déroulement des événements sous l'eau. Cette méthode présente toutefois un inconvénient majeur : elle ne permet pas de positionner le vif à proximité immédiate d'un obstacle (donc d'un refuge potentiel à brochet) en raison des risques importants d'accrochage, à moins de le brider sous la canne. Pensez à prendre un flotteur en rapport avec la taille du vif, ni trop petit pour que le vif l'entraîne sous l'eau, ni trop gros pour que le carnassier ne sente pas son inertie et relâche aussitôt sa proie.

De même, un flotteur fixe fait bien l'affaire étang peu profond ou en rivière, mais, dans les lacs très profond, la hauteur d'eau oblige à utiliser un flotteur coulissant, réglable à la hauteur voulue grâce à un nœud d'arrêt fixe ou coulissant sur la bannière,

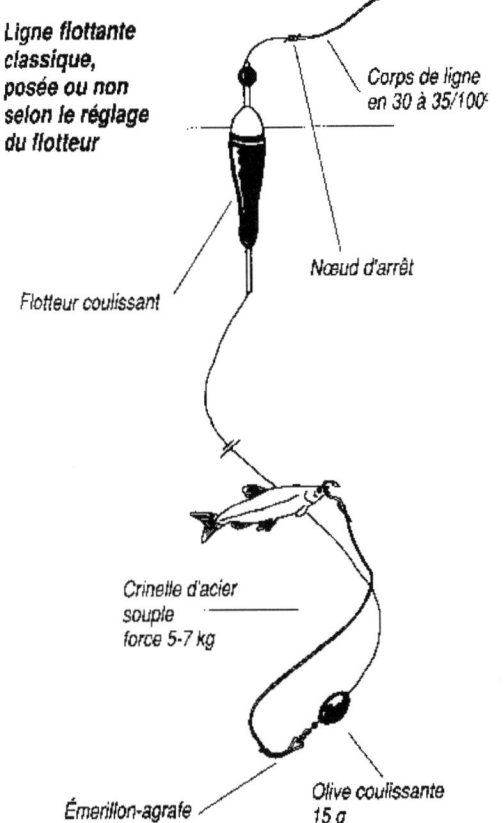

Ligne flottante classique, posée ou non selon le réglage du flotteur

Corps de ligne en 30 à 35/100

Flotteur coulissant

Nœud d'arrêt

Crinelle d'acier souple force 5-7 kg

Émerillon-agrafe

Olive coulissante 15 g

Au vif à la plombée

Brochet au vif
C'est la technique par excellence pour être sur de pêcher bien au fond, les gros spécimens s'y trouvent souvent et, même s'ils n'ont pas spécialement faim, il ne dédaigneront sûrement pas une proie si facile à attraper.
La seule difficulté réside dans le fait de bien présenter le vif, préférez pêcher avec des vifs qui évoluent en surface (Ablette, vandoise, ...), ceci afin qu'ils ne se réfugient au fond, de même, cette pêche est à proscrire dans les plans d'eau ou le fond est très encombré, par contre, elle est excellente dans les gravières, ou le fond est très propre.

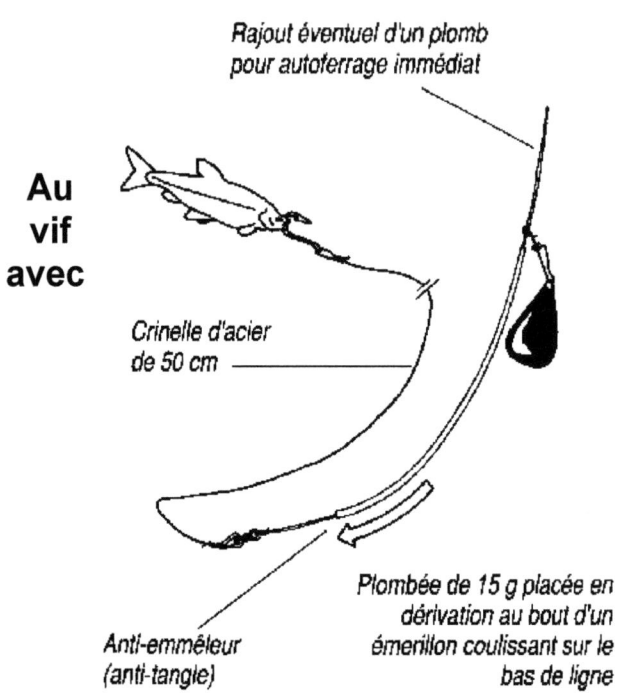

**Montage classique
pour pêcher au vif posé**

PATER-NOSTER

Brochet au vif

Il est utilisé de préférence à la ligne flottante chaque fois qu'il faut immobiliser le vif dans un espace réduit situé entre des obstacles, ou l'empêcher de dériver sans fin sous l'action du vent et des vagues.

Un émerillon parer poster est fixé sur le corps de ligne.

Sa boucle externe porte une crinelle d'acier, force 5 à 7 kg, de 40 à 50 cm ~la longueur de la crinelle ne doit jamais permettre au vif d'atteindre le fond.

Un fil «cassant» (plus fin) d'environ 60 à 70 cm est attaché à la 3e boucle de l'émerillon. L'ensemble est lesté par une plombée de 15 à 30g.

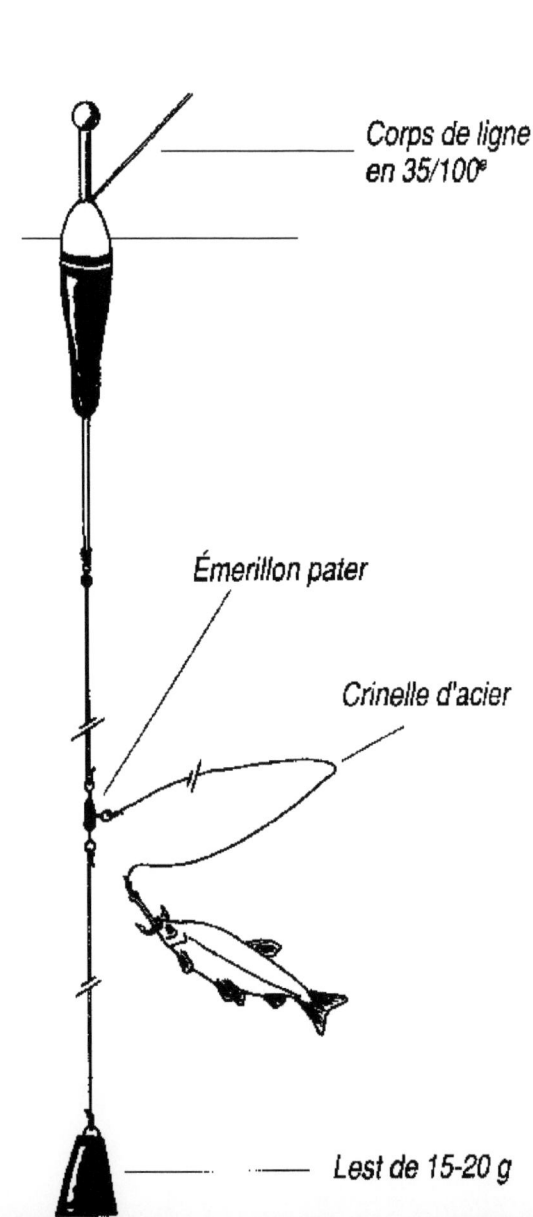

LE SILURE

Bien que mentionné depuis toujours dans le haut bassin du Rhône (Saône, Doubs), le silure ne faisait guère parler de lui depuis bien longtemps, quand les premières captures annoncées dans la Seille, affluent de la Saône, il y a une dizaine d'années, attirèrent l'attention sur lui. Depuis, c'est à une véritable explosion démographique de l'espèce que l'on a assisté dans ces mêmes rivières, où un pêcheur a pu en prendre, à lui seul, quelque 120 en trois ans, tandis que les journaux locaux n'étaient pas une seule semaine sans signaler une ou plusieurs captures. Mais des silures ont aussi été vus ou capturés ailleurs en Loire, en Seine, dans la Dordogne, pour ne parler que des eaux libres. Actuellement, on ne peut parler d'une implantation réelle du silure que dans la Seille et dans la Saône, qui sont les seules rivières où l'on puisse vraiment le pécher avec toutes les chances de succès.

Bien qu'évoquant, ne serait-ce que par ses moustaches, le poisson-chat, le silure n'a pas du tout la même silhouette. Il a le corps plutôt mince et allongé, ondulant de façon serpentiforme, et portant une grosse tête ronde fendue par une gueule s'ouvrant largement; elle est pourvue de six barbillons (quatre petits sous le menton et deux très longs aux coins des lèvres). Les nageoires sont caractéristiques: une minuscule dorsale un peu en avant du dos et une très longue anale en ruban s'étendant du milieu du ventre à la queue. La peau, dépourvue d'écailles, est lisse et visqueuse. Sa robe est constituée de macules brunes, vert foncé, noir et gris sale, plus sombre sur le dos et jaune argenté sur le ventre. Sa gueule est pavée d'une multitude de petites dents serrées en massifs. Dorsale et pectorales portent un rayon épineux. En Europe centrale, il peut peser jusqu'à 250 kg et mesurer plus de 4 m ; les plus gros sujets « sauvages » capturés en France jusqu'ici pèsent une cinquantaine de kilos pour une longueur de 2 m environ.

Le silure vit dans les rivières au courant plutôt lent et dans les grandes profondeurs (5 à 10 m), installé sur les fonds sableux et vaseux, aux endroits les moins éclairés, voûtes de branchages retombants, pied des berges creuses, tous obstacles immergés. Mais, entre la tombée de la nuit et le petit jour, il est capable de remonter vers les endroits moins profonds et même de se montrer à la surface. Il survit également dans les lacs, naturels ou artificiels.

Bien entendu, la présence d'un aussi grand prédateur dans une rivière n'est pas sans conséquences. Mais comme toutes les espèces, il s'intègre dans une chaîne alimentaire où tous les excès sont corrigés automatiquement pour entretenir un équilibre durable. Ainsi, comme le brochet, il défend, contre ses propres congénères, un territoire dont l'étendue est fonction de la richesse en nourriture et de ses propres besoins; au total, le rapport poisson-fourrage/prédateur restera constant. En outre, il faut se rappeler que beaucoup de gros poissons blancs, brème en particulier, n'ont plus aucun prédateur une fois parvenus à une certaine taille : seul le silure peut assumer ce rôle. Il se reproduit en mai-juin; la femelle élabore un nid d'herbes aquatiques et y dépose ses neufs ; le mâle en assure la garde pendant un certain temps.

Le régime alimentaire du silure s'apparente davantage à celui de l'anguille qu'à celui du brochet; il mange des poissons vivants ou morts, des batraciens, des oiseaux aquatiques, des écrevisses, des vers de terre (il en est très friand), des mollusques, etc.

Écrevisses américaines

Quand on parle de pêche à l'écrevisse c'est de nos jours de pêche à l'écrevisse américaine qu'il s'agit. Ce sont des écrevisses d'importation qui ont envahie nos rivières, elles sont classées nuisibles et ne disposent pas de taille légale de capture, je dirai même plus elles doivent être conservées obligatoirement sous peine de contravention.

Bien que nuisibles, pour les pêcher il faut être muni de la carte de pêche , évident mais un pêcheur informé en vaut deux !

Ces Américaines peuvent être de trois variétés :

 l'écrevisse américaine qui possède un dos verdâtre avec des taches brunes sur la queue, la pointe des pinces est orangée. L'écrevisse signal elle est reconnaissable à sa tache blanche (plus rarement bleutée) à la commissure des pinces.

Comment pêcher l'écrevisse américaine ?

Le principe est en fait assez simple il demande peu de matériel , un faible investissement et des appâts commun faciles à ce procurer.

Ces écrevisses ont un régime alimentaires relativement simple, elles consomment des invertébrés, des végétaux et quelques poissons, en fait ce sont les éboueurs de nos rivières elles éliminent les déchets.

Il vous faut des balances à écrevisses , de la ficelle ou cordelette , un bout de collant ou de filet à légume fin, un bâton avec un embout en fourche (ce trouve facilement en bordure de rivière), du poisson mort.

Comme préparatif il faudra placer une ficelle sur l'attache de votre balance pour pouvoir la remonter sans la perdre une fois dans l'eau. Ensuite on place dans un morceau d'un vieux collant de madame un morceaux de poisson mort. Des vairons péchés avec les enfants puis congelés en l'attente d'une sortie écrevisse, ou à défaut si vous n'avez pas de poisson sous la main allez chez le poissonnier prendre une ou deux sardines fraîches !

Je disais donc qu'on place le poisson dans son filet puis on le mets au centre de la balance dans l'accroche appât déjà prévu par le sympathique fabricant. puis on immerge la balance le plus à plat possible s'il y a des écrevisses dans le quartier en quelques minutes vous allez le savoir. Ces gros crustacés sorte de sous les cailloux attirées par l'odeur du poisson frais une fois au centre de la balance pas la peine d'attendre des heures . on prend la ficelle reliée à la balance que vous aviez soigneusement coincée sous un cailloux au bord. Comment je vous avez pas dis de le faire du coup le courant à emporter votre lien vers la balance, zut c'est trop bête ! mais non vous y aviez pensé sans que j'eus besoin de l'écrire c'est très bien. Donc la ficelle se place dans la fourche au bout du bâton , on se place a la verticale de la balance, on tire sur la ficelle la balance ce relève et les écrevisses gourmandes sont prises au piège dans le filet. Renversez donc la balance au dessus de votre seau puis remettez la en place d'autres vont venir se régaler à leur tour.

Quand vous voyez qu'elles sont de moins en moins nombreuses, passez votre chemin et aller jusqu'à la gourgue suivante d'autres spécimen vous y attendrons.

La pêche à l'écrevisse est une pêche d'attente mais si le ruisseau ou le plan d'eau est bien doté avec 6 balances vous n'aurez pas le temps de vous ennuyer.

Vous pouvez acheter en suivant le lien deux types de balances à écrevisses celles avec des mailles fines pour ne rien échapper sont destinées à la pêche des nuisibles, celle de 27 millimètres sont pour limiter les risque de capture d'une écrevisse autochtone qui elle dispose d'une période d'ouverture à la pêche très réduite en France et d'une taille l'égale de capture. Donc choisissez bien vos balances et regardez ce que vous mettez dans votre panier.

Pêcher des grenouilles est très amusant mais surtout se révèle une activité très passionnante pour qui sait s'y prendre. Il ne suffit pas de savoir pêcher des poissons pour réussir. Découvrez comment faire pour pêcher des grenouilles.

La pêche aux grenouilles se fait dans les marais, les bas-fonds ou les marécages. Il sera difficile de prendre à la ligne une grenouille qui vous regarde tenir une canne à la main.

A l'aide d'une canne spéciale conçue (voir l'article sur comment fabriquer une canne à pêche pour grenouilles) pour pêcher des grenouilles, mettez votre appât au bout de l'hameçon.

Les grenouilles se nourrissent d'insectes tels que les papillons, les criquets, les chenilles etc. A défaut d'en avoir, utilisez des petits morceaux de viande fraîche.

Accrochez votre appât au bout du fil et mettez vous en embuscade tout en jetant votre ligne à l'eau. Maintenez la manche au-dessus de l'étang.

Faites bouger l'appât comme un insecte qui sautille sur l'eau entre les plantes aquatiques. Les grenouilles sont gloutonnes, elles ne tarderons pas à sortir de leur cachette croyant avoir affaire à une nourriture providentielle.

Dès qu'elles s'approchent, arrêtez de faire sautiller l'appât et maintenez l'hameçon à une certaine

Une fois que la grenouille mord à l'hameçon, vous n'avez plus qu'à tirer vers le haut. Et c'est tout ! Décrochez votre prise que vous prendrez soin de mettre à l'abri dans un sac en bandoulière ou un panier avec couvercle.

Mes autres livre :

Les recettes du trappeur picard